MARVEL

SPIDER-MAN

CB074196

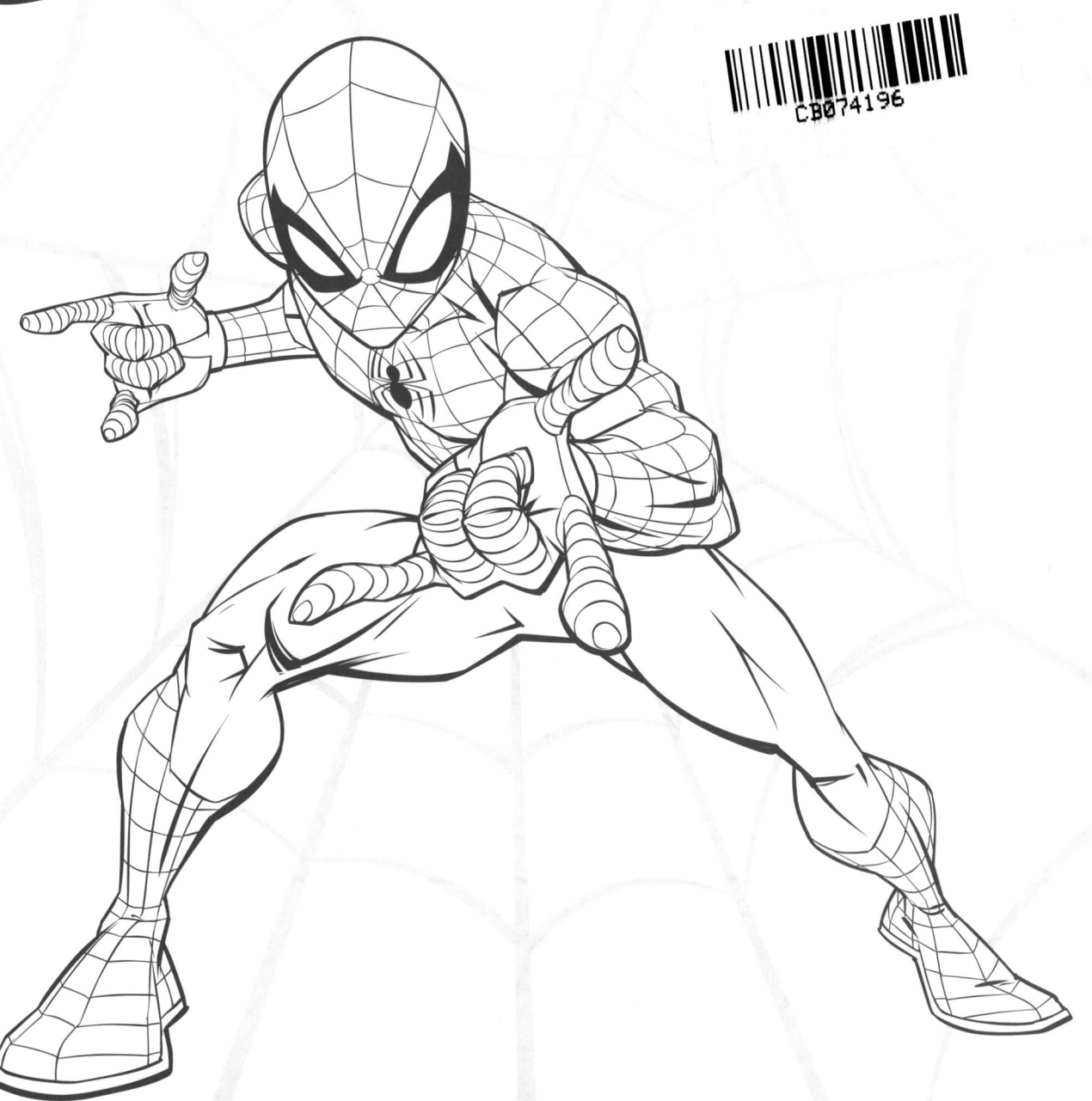

O HOMEM-ARANHA ENFRENTA TERRÍVEIS VILÕES.

VAMOS TREINAR A CALIGRAFIA DA PALAVRA EM DESTAQUE.

ENFRENTAR

LABIRINTO DAS RUAS

AJUDE O HOMEM-ARANHA A PASSAR PELAS RUAS DE NOVA IORQUE.

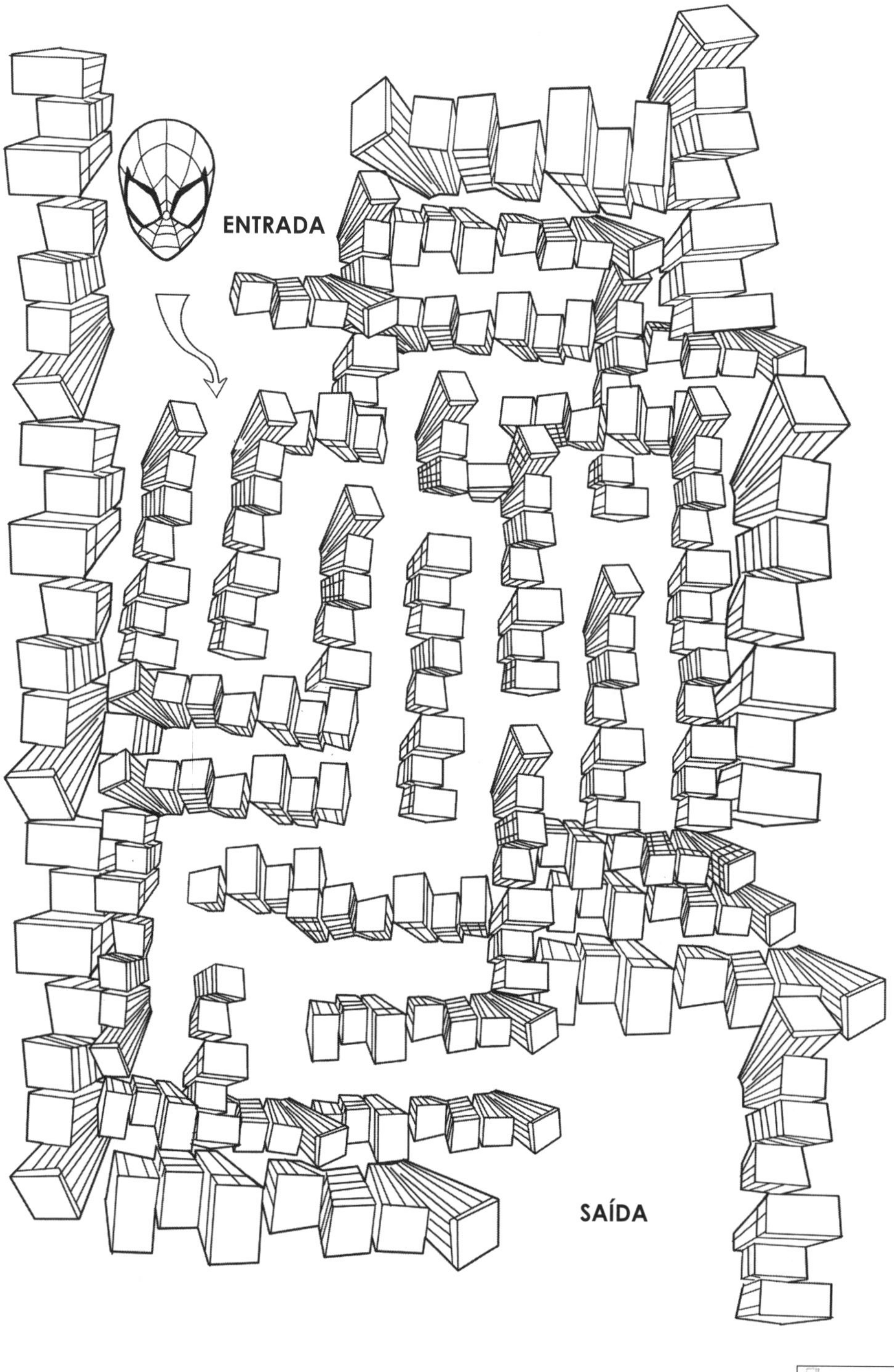

ENTRADA

SAÍDA

RESPOSTA: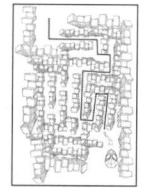

VILÕES

O HOMEM-ARANHA TEM MUITOS INIMIGOS.
LIGUE-OS AOS SEUS NOMES.

A

DOUTOR OCTOPUS

B

LAGARTO

C

ABUTRE

RESPOSTA: A - ABUTRE, B - DOUTOR OCTOPUS, C - LAGARTO.

SÍMBOLO ARANHA

PETER PARKER ESTÁ FAZENDO SUA ROUPA DE HOMEM-ARANHA. LIGUE OS TRAÇOS E REVELE O SÍMBOLO.

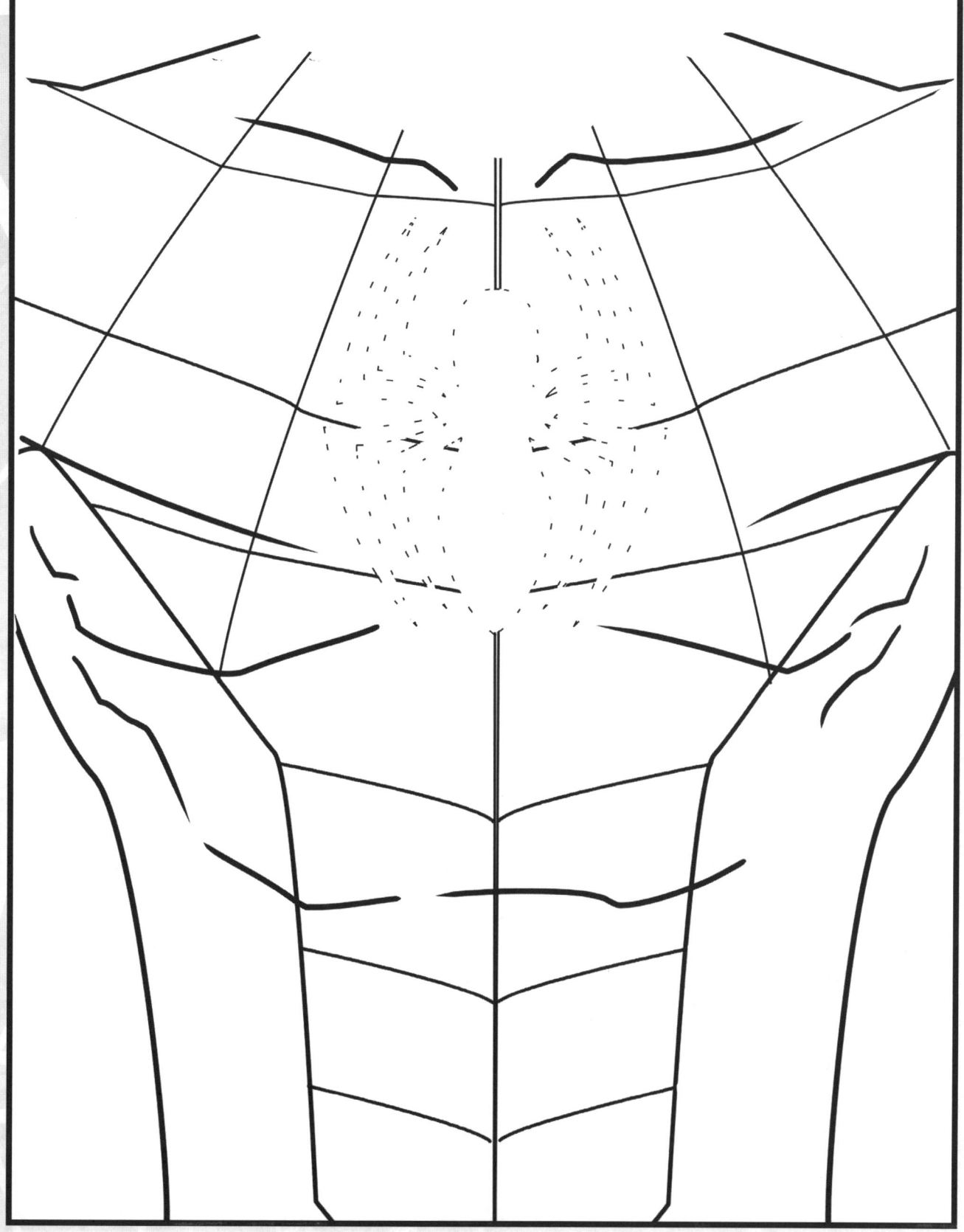

O HOMEM-ARANHA VIVE EM UM GRANDE DISTRITO DE NOVA IORQUE. VOCÊ SABE O NOME DESSE LUGAR? DESEMBARALHE AS LETRAS E ESCREVA O NOME.

N U Q S E E

___ ___ ___ ___ ___ ___

↓

___ ___ ___ ___ ___ ___

RESPOSTA: QUEENS.

VAMOS TREINAR A CALIGRAFIA DA PALAVRA EM DESTAQUE.

DISTRITO

POP QUIZ!
QUAL DESSAS CRIATURAS PICOU PETER PARKER E O TRANSFORMOU EM UM SUPER-HERÓI?

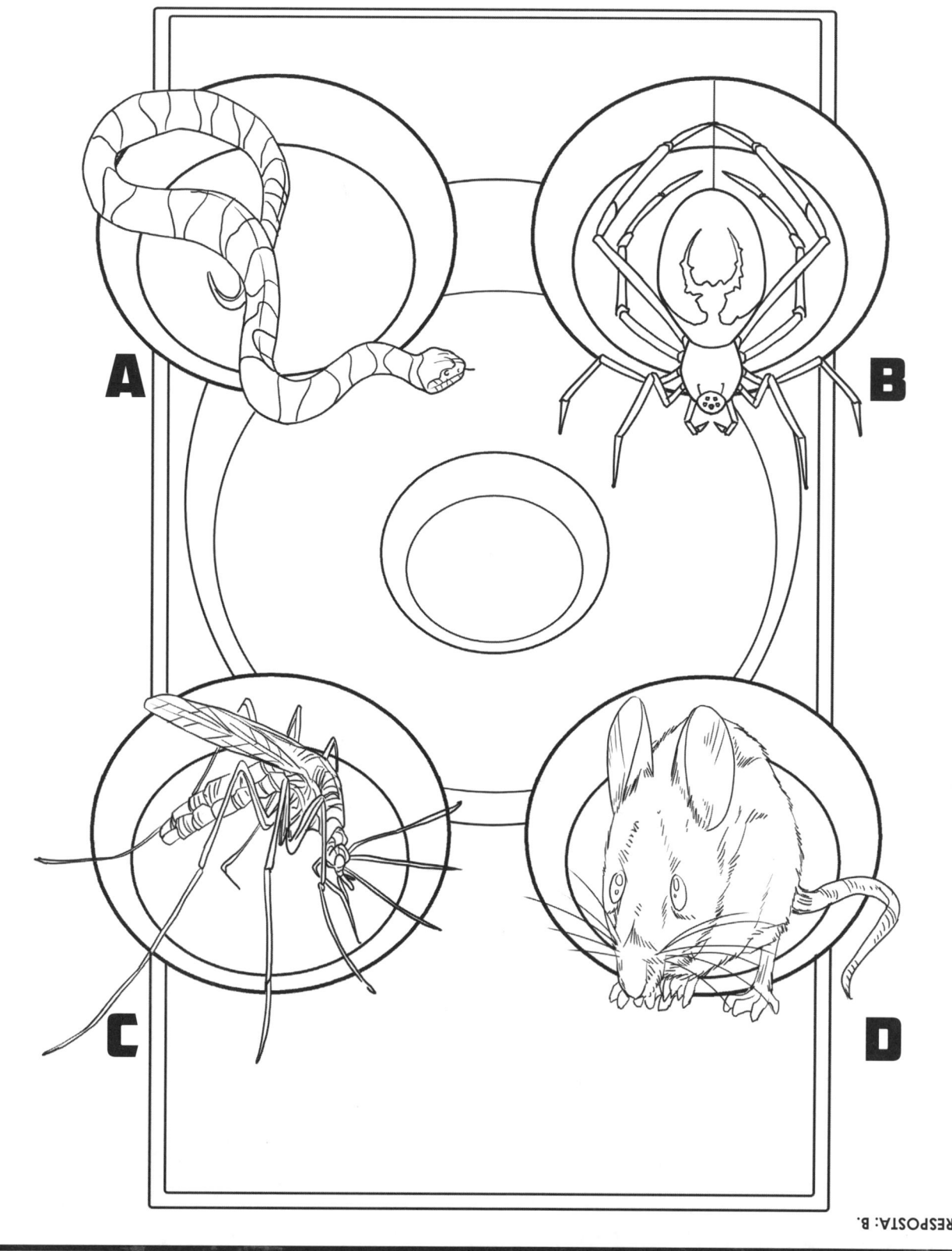

RESPOSTA: B.

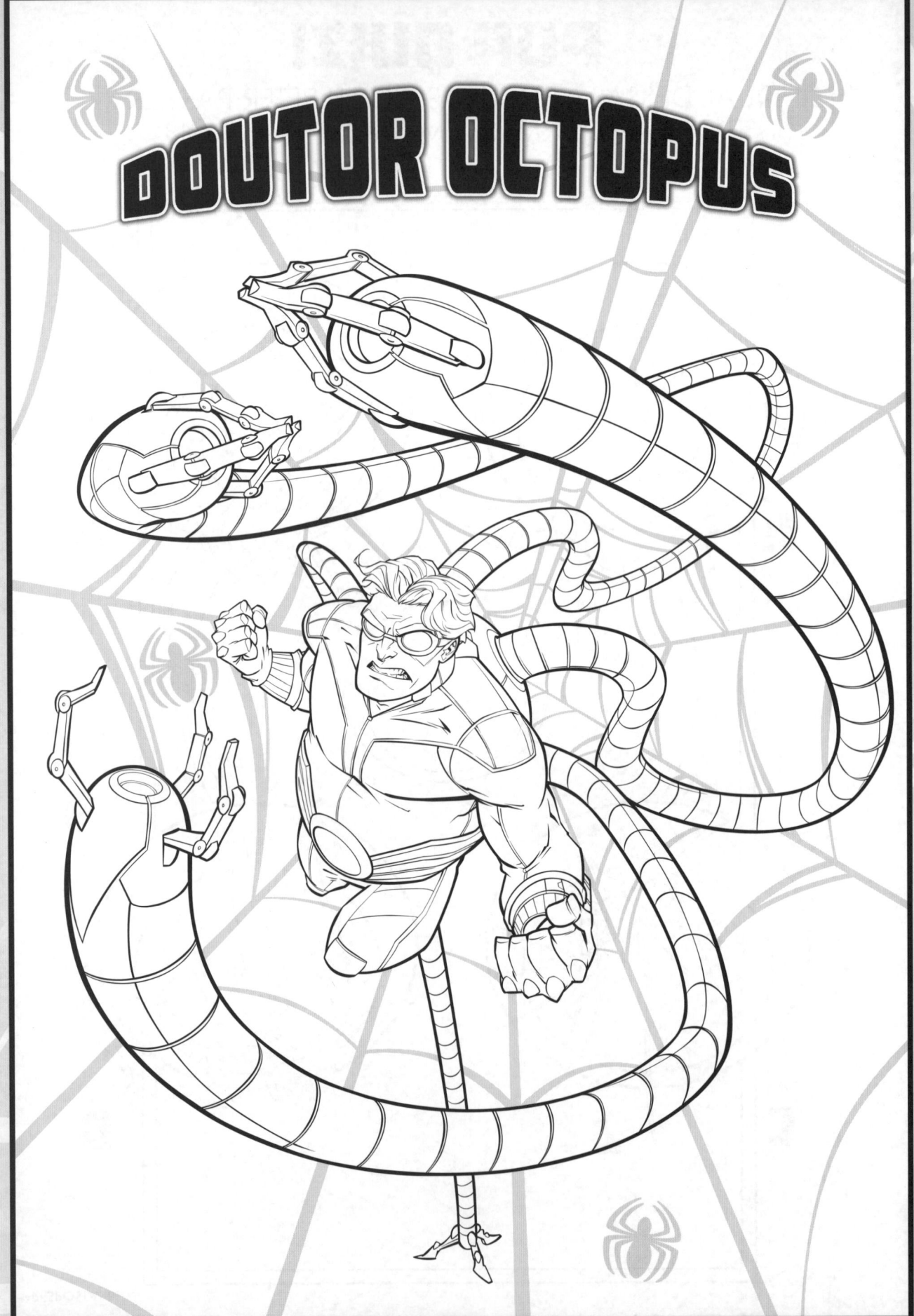

QUESTIONÁRIO

DOUTOR OCTOPUS É UM VILÃO MUITO MALVADO. ELE POSSUI UMA ARMADURA NO CORPO E BRAÇOS MECÂNICOS. COMO ELE SE TRANSFORMOU? ASSINALE A RESPOSTA CORRETA.

A. DR. OLIVER OCTANE BEBEU UMA POÇÃO VENENOSA COM DNA ANIMAL E PEÇAS DE COMPUTADOR.

B. DR. OBOE OOMPH FOI MORDIDO POR UM POLVO RADIOATIVO.

C. DR. OTTO OCTAVIUS SOFREU UM TERRÍVEL ACIDENTE NO LABORATÓRIO E A ARMADURA COM BRAÇOS MECÂNICOS SE FUNDIU AO SEU CORPO.

RESPOSTA: C.

SELFIE

PETER PARKER E HARRY OSBORN SÃO MELHORES AMIGOS. DESENHE VOCÊ E SEU MELHOR AMIGO.

LAGARTO

LIGUE OS PONTOS E DESCUBRA O QUE O DOUTOR OCTOPUS ESTÁ TENTANDO DESTRUIR!

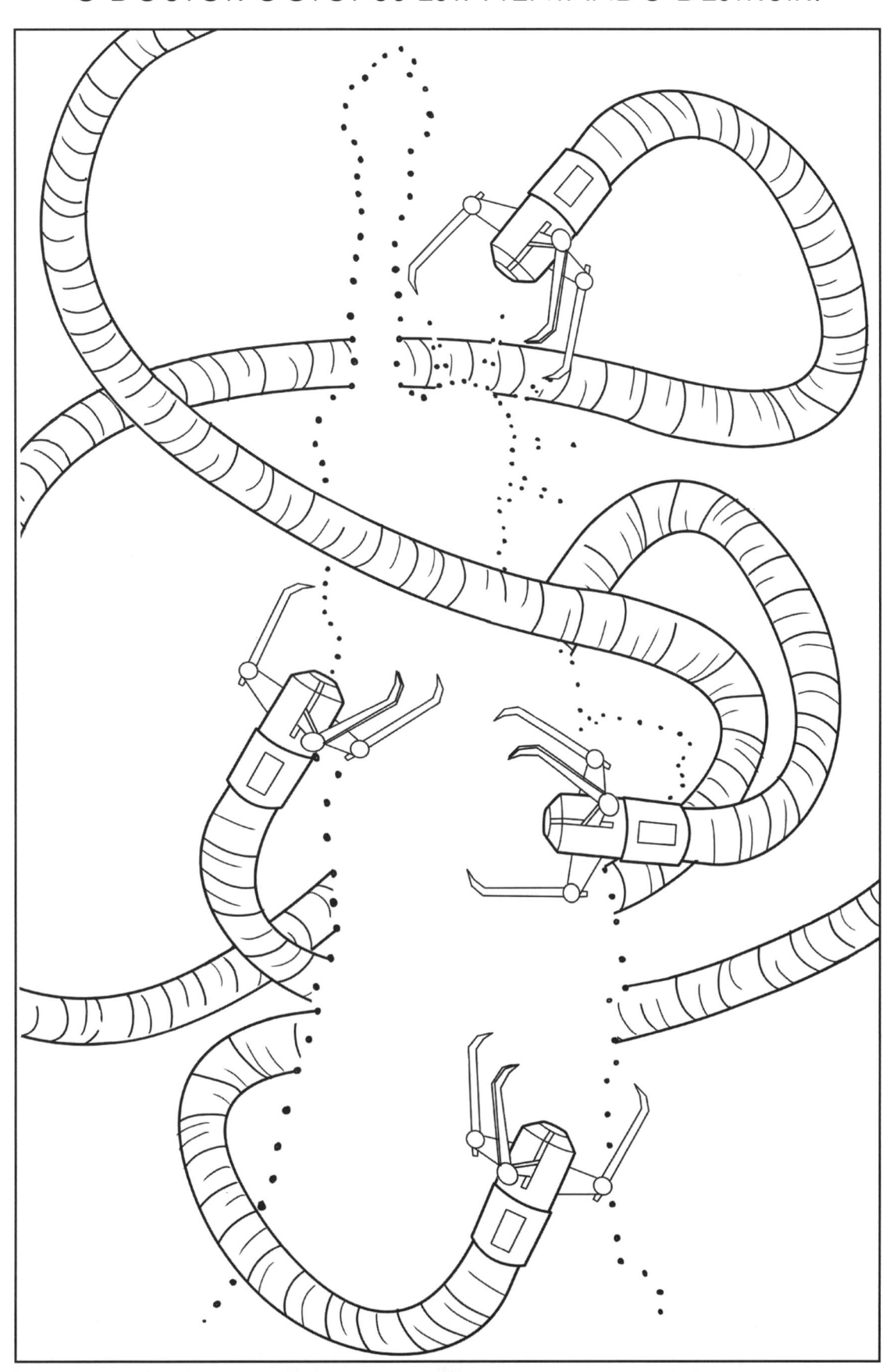

QUANTAS PALAVRAS VOCÊ CONSEGUE FORMAR COM AS LETRAS DE "HOMEM-ARANHA"? SIGA OS EXEMPLOS E FAÇA UMA LISTA.

MORENA _____

HONRA _____

_____ _____

_____ _____

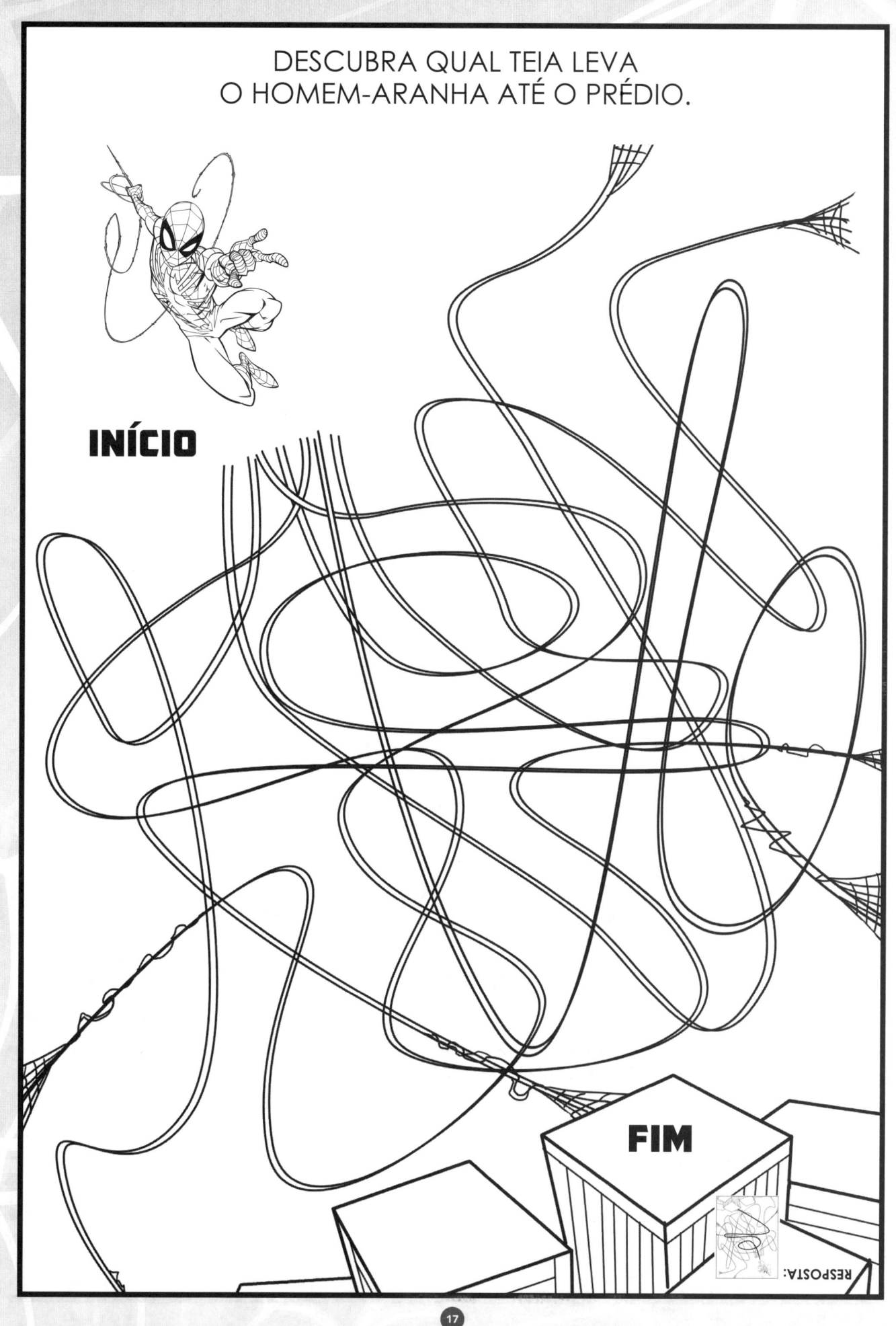

PETER PARKER É MUITO INTELIGENTE.
ELE DESENVOLVEU SEUS LANÇADORES DE TEIAS.

VAMOS TREINAR A CALIGRAFIA DA PALAVRA EM DESTAQUE.

TEIA

COMPLETE COM VOGAIS E DESCUBRA QUEM É O VILÃO.

V_N_M

RESPOSTA: VENOM.

VAMOS TREINAR A CALIGRAFIA DA PALAVRA EM DESTAQUE.

MULHER

GWEN STACEY RECEBEU SEUS PODERES DE ARANHA EM UM UNIVERSO ALTERNATIVO, ONDE FOI PICADA POR UMA ARANHA RADIOATIVA NO LUGAR DO PETER PARKER.

PINTE A VOGAL QUE SE REPETE.

ARANHA

LIGUE AS SOMBRAS
LIGUE O HOMEM-ARANHA ÀS SOMBRAS CORRETAS.

ESTE É O DUENDE VERDE!

PINTE APENAS AS VOGAIS E CONSOANTES QUE SE REPETEM.

DUENDE VERDE

QUANTAS PALAVRAS VOCÊ CONSEGUE FORMAR COM AS LETRAS DE "PETER PARKER"?
SIGA OS EXEMPLOS E FAÇA UMA LISTA.

PREPARE

REPARTE

_____

_____

_____

_____

_____

_____

_____

_____

NO COMEÇO, A ROUPA DO HOMEM-ARANHA ERA MUITO FUNCIONAL, MAS NEM TÃO ESTILOSA.

A PALAVRA ABAIXO POSSUI MAIS VOGAIS OU CONSOANTES? PINTE O QUE MAIS APARECE.

ROUPA

O HOMEM-ARANHA QUER SE TORNAR MEMBRO DOS VINGADORES. QUEM É O LÍDER DESSE GRUPO INCRÍVEL?

N _ _ K _ U R _

RESPOSTA: NICK FURY.

RINO

PINTE AS VOGAIS DE CINZA E AS CONSOANTES DE PRETO.

RINO

CONHEÇA O TREINADOR!

VAMOS TREINAR A CALIGRAFIA DA PALAVRA EM DESTAQUE.

TREINADOR

PADRÕES

QUAL SÍMBOLO DE ARANHA NÃO ESTÁ NA ORDEM CORRETA DO PADRÃO? PINTE O SEU QUADRADINHO.

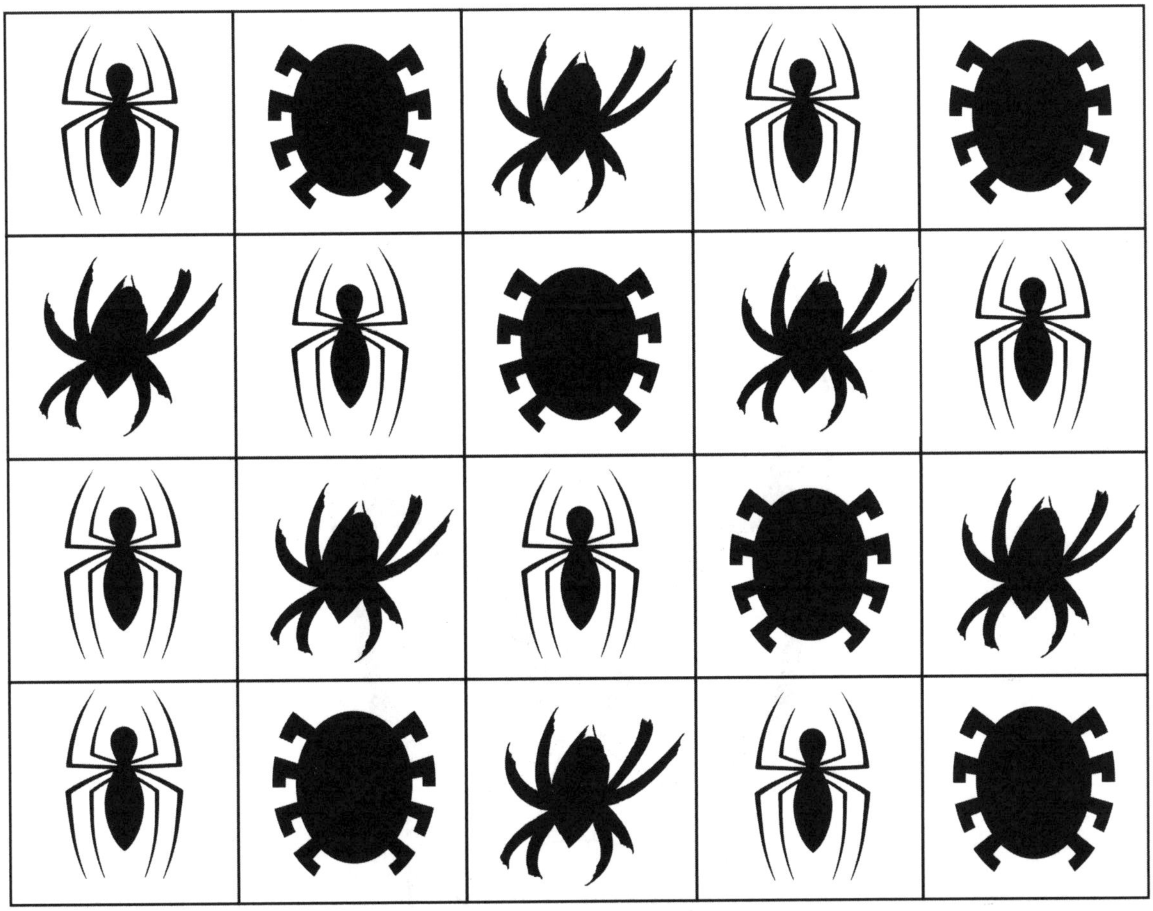

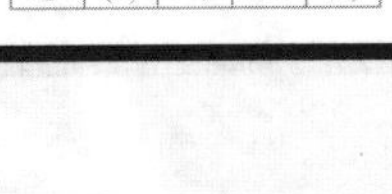

O SENSOR ARANHA DESPERTOU!

VAMOS TREINAR A CALIGRAFIA DA PALAVRA EM DESTAQUE.

SENSOR

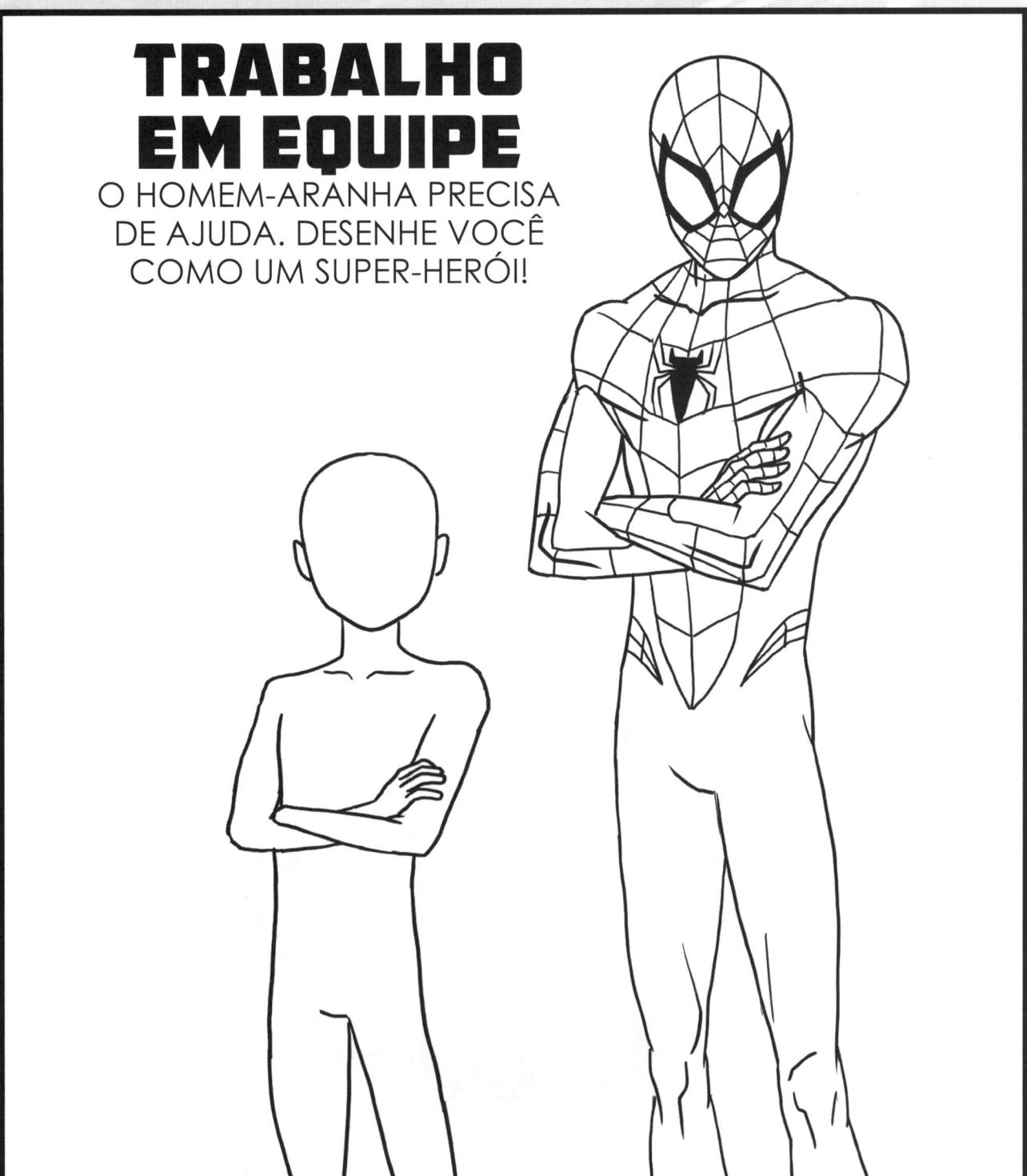

TRABALHO EM EQUIPE

O HOMEM-ARANHA PRECISA DE AJUDA. DESENHE VOCÊ COMO UM SUPER-HERÓI!

PINTE APENAS AS VOGAIS.

TRABALHO

QUESTIONÁRIO

O RINO É MUITO FORTE E SUA ROUPA COM CHIFRES PODE PERFURAR ATÉ O AÇO. COMO ELE SE TRANSFORMOU NESSE VILÃO? MARQUE A RESPOSTA CORRETA.

A. ALEKSEI SYSTEVICH PARTICIPOU DE EXPERIMENTOS RUSSOS.

B. RICHARD ROMANOFF FOI ELETROCUTADO EM UM LABORATÓRIO.

C. BOB BOBERT FOI LAMBIDO POR UM RINOCERONTE RADIOATIVO.

RESPOSTA: A.

O UNIFORME DO HOMEM-ARANHA É VERMELHO E AZUL. ENCONTRE UMA NOVA COMBINAÇÃO DE CORES E PINTE O DESENHO ABAIXO.

PINTE AS VOGAIS DE VERMELHO E AS CONSOANTES DE AZUL.

UNIFORME

PETER PARKER ACHOU QUE ESTAVA COM SORTE QUANDO ENCONTROU ESTE UNIFORME QUE AUMENTOU SEUS PODERES. MAS ELE DESCOBRIU QUE AQUELE ERA UM SIMBIONTE ALIENÍGENA QUE QUASE O DOMINOU!

PINTE AS CONSOANTES E FAÇA UM "X" NAS VOGAIS.

SIMBIONTE

VOCÊ CONHECE BEM O HOMEM-ARANHA?
MARQUE VERDADEIRO OU FALSO!

1. PETER PARKER MORA NO QUEENS, EM NOVA IORQUE.
   VERDADEIRO ☐   FALSO ☐

2. PETER FOI PICADO POR UMA ARANHA RADIOATIVA.
   VERDADEIRO ☐   FALSO ☐

3. O DUENDE VERDE É AMIGO DO HOMEM-ARANHA.
   VERDADEIRO ☐   FALSO ☐

4. TIA MAY SABE QUE PETER É O HOMEM-ARANHA.
   VERDADEIRO ☐   FALSO ☐

RESPOSTA: 1. V, 2. V, 3. F, 4. F.

ENCONTRE 5 DIFERENÇAS ENTRE AS DUAS CENAS.

ANYA CORAZON

VAMOS TREINAR A CALIGRAFIA DA PALAVRA EM DESTAQUE.

ANYA

ANYA SOFIA CORAZON RECEBEU SEUS PODERES DE ARANHA EM UM ACIDENTE. ELA AJUDA A PROTEGER A CIDADE.

PINTE A VOGAL QUE SE REPETE.

CORAZON

QUESTIONÁRIO

O LAGARTO TEM GARRAS MUITO PERIGOSAS E UMA PELE GROSSA QUE TORNA QUASE IMPOSSÍVEL MACHUCÁ-LO. VOCÊ SABE COMO ELE SE TORNOU ESSE VILÃO? CIRCULE A RESPOSTA CORRETA.

A. DR. DUKE DANGER PRESENCIOU UM ACIDENTE COM RATOS NO LABORATÓRIO.

B. DR. MICHAEL MORROW ENTROU EM UMA NUVEM TÓXICA DURANTE PESQUISAS NA AMAZÔNIA.

C. DR. CURTIS CONNORS INJETOU NELE MESMO UM SORO COM DNA DE RÉPTEIS TENTANDO REGENERAR SEU BRAÇO.

D. DR. TIMOTHY TOMATO COMEU UM LAGARTO RADIOATIVO QUANDO FICOU PERDIDO EM UMA ILHA DESERTA.

RESPOSTA: C.

POP QUIZ!

A ARANHA RADIOATIVA PICOU E ALTEROU O _____ DO PETER PARKER.

A. HUMOR
B. DNA
C. CABELO
D. NARIZ

RESPOSTA: B.

MILES MORALES

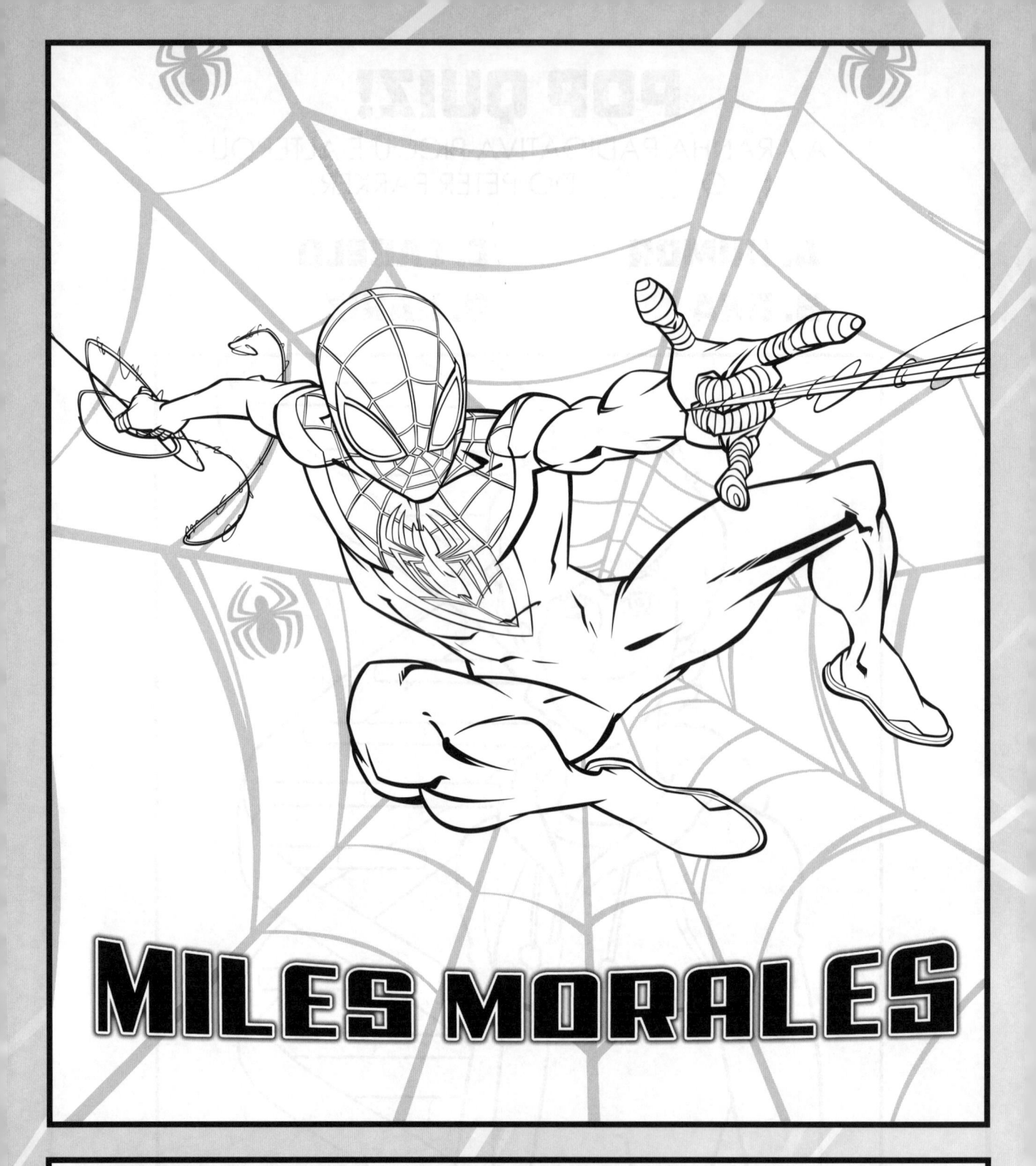

VAMOS TREINAR A CALIGRAFIA DA PALAVRA EM DESTAQUE.

MILES

EM UM UNIVERSO ALTERNATIVO, MILES MORALES ASSUME O PAPEL DE HOMEM-ARANHA!

PINTE AS VOGAIS E CIRCULE AS CONSOANTES.

MORALES

O ABUTRE ESTÁ SE APROXIMANDO. DESENHE TEIAS SOBRE ELE PARA IMPEDI-LO!

VAMOS TREINAR A CALIGRAFIA DA PALAVRA EM DESTAQUE.

ABUTRE

MIGUEL O'HARA É O HOMEM-ARANHA 2099!

PINTE OS DOIS NÚMEROS QUE SE REPETEM.

2099

HOMEM-ARANHA